# BEI GRIN MACHT SICH IHR WISSEN BEZAHLT

AF153374

- Wir veröffentlichen Ihre Hausarbeit, Bachelor- und Masterarbeit

- Ihr eigenes eBook und Buch - weltweit in allen wichtigen Shops

- Verdienen Sie an jedem Verkauf

**Jetzt bei www.GRIN.com hochladen und kostenlos publizieren**

# Psychische Störungen und der psychotherapeutische diagnostische Prozess

Stefan S.

**Bibliografische Information der Deutschen Nationalbibliothek:**

Die Deutsche Nationalbibliothek verzeichnet diese Publikation in der Deutschen Nationalbibliografie; detaillierte bibliografische Daten sind im Internet über http://dnb.d-nb.de abrufbar.

ISBN: 9783346329646
Dieses Buch ist auch als E-Book erhältlich.

© GRIN Publishing GmbH
Nymphenburger Straße 86
80636 München

Alle Rechte vorbehalten

Druck und Bindung: Books on Demand GmbH, Norderstedt Germany
Gedruckt auf säurefreiem Papier aus verantwortungsvollen Quellen

Das vorliegende Werk wurde sorgfältig erarbeitet. Dennoch übernehmen Autoren und Verlag für die Richtigkeit von Angaben, Hinweisen, Links und Ratschlägen sowie eventuelle Druckfehler keine Haftung.

Das Buch bei GRIN: https://www.grin.com/document/979388

# Einsendeaufgabe

**Klinische Psychologie I – Grundlagen**

**Psychische Störungen und der psychotherapeutische diagnostische Prozess**

Modul: Klinische Psychologie I - Grundlagen

Studiengang: B. Sc. Psychologie

# Inhaltsverzeichnis

# Abbildungsverzeichnis

# Tabellenverzeichnis

# 1 Teilaufgabe 1: Risiko- und Schutzfaktoren

Im folgenden Kapitel soll unter Bezugnahme von empirischen Ergebnissen die Bedeutung von Risiko- und Schutzfaktoren für die Entstehung von psychischen Störungen erläutert werden. Unterkapitel 1.1 befasst sich dabei mit den verschiedenen Risikofaktoren, die die Entwicklungswahrscheinlichkeit einer psychischen Störung drastisch erhöhen können. Die Schutzfaktoren wirken hingegen vorbeugend und verringern die Wahrscheinlichkeit der Entwicklung einer psychischen Störung.[1] Sie werden im Unterkapitel 1.2 näher definiert.

## 1.1 Risikofaktoren für die Entstehung von psychischen Störungen

Als Risikofaktoren gelten verschiedene Bedingungen, welche meist bereits im Kindes- oder Jugendalter auftreten und die Entwicklung negativ beeinflussen, sodass die Wahrscheinlichkeit einer darauffolgenden Störung erhöht wird. Dabei kann es sich um spezifische Merkmale wie eine Frühgeburt handeln, eine bedeutsame Lebenserfahrung wie Drogenkonsum, oder um prägende Ereignisse, wie den Tod einer Bezugsperson. Somit lassen sich interne, personenbezogene und externe, umweltbezogene Risikofaktoren unterscheiden.[2] Hierzu konnte in einer Studie von Laucht, Schmidt und Esser (2000) nachgewiesen werden, dass sich biologische und psychosoziale Faktoren im Entwicklungsverlauf gegenseitig verstärken und damit weniger Gefahr von einzelnen Risikofaktoren ausgeht. 80 Prozent der Varianz von psychischen Störungen konnte in der Studie späteren psychosozialen Einflussgrößen zugeschrieben werden.[3]

### 1.1.1 Interne Risikofaktoren

Interne Faktoren beziehen sich auf die biologischen Merkmale eines Menschen und umfassen bei Kindern und Jugendlich oftmals ein schwieriges Temperament, eine geringe Intelligenz, eine genetische Disposition oder eine organische Erkrankung.[4]

---

[1] Vgl. Benecke (2014), S. 217
[2] Vgl. Petermann (2011), S. 123-124
[3] Vgl. Laucht/Schmidt/Esser (2000); zitiert nach Benecke (2014), S. 217
[4] Vgl. Benecke (2014), S. 218

Das Temperament bildet sich bereits im Kleinkindalter aus und bestimmt neben der Qualität und Intensität emotionaler Reaktionen und der Selbstregulation ebenfalls das Aktivierungsniveau der Aufmerksamkeit.[5] Thomas und Chess Modell des Temperaments (1977) zufolge lassen sich drei Typen von Kindern ausmachen: das einfache, das schwierige und das nur langsam aktiv werdende Kind.[6] Dabei sind im Zusammenhang mit psychischen Störungen die schwierigen und nur langsam aktiv werdenden Kinder von besonderer Bedeutung. Während das schwierige Kind eher negativ auf neue Reize reagiert, unaufmerksam oder unruhig ist und eine Unregelmäßigkeit in der Rhythmizität aufweist, also den Körperfunktionen im Schlaf-Wach-Rhythmus, im hungrig Werden sowie bei Ausscheidungen, verhält sich das nur langsam aktiv werdende Kind inaktiv, ängstlich und introvertiert, wodurch es sich nur langsam an neue Situationen anpassen kann[7]. Die Verbindung zwischen dem kindlichen Temperament und der psychischen Entwicklung kann mit mehreren Befunden auf diesem Gebiet nachgewiesen werden. So konnte Kagan (1998) in einer Untersuchung zu den Reaktionsweisen auf auditive und visuelle Stimuli bei 16 Wochen alten Säuglingen feststellen, dass von den hoch-reaktiven Versuchsobjekten mit schwierigem Temperament später im Schulalter bei 45 Prozent Angstsymptome auftraten[8]. Des Weiteren haben Thomas und Chess (1977) in einer Studie nachweisen können, dass von den Säuglingen mit schwierigem Temperament später in der mittleren Kindheit 71 Prozent von einer psychischen Störung betroffen waren.[9] Ähnliche Untersuchungen haben ebenfalls gezeigt, dass sich im Entwicklungsverlauf bei schwierigen Kindern vermehrt externalisierende Störungen und bei nur langsam aktiv werdende Kinder zunehmend internalisierende Störungen entwickelt haben.[10] Generell gelten ein hohes Maß an Ängstlichkeit und Introversion und ein geringer Selbstwert, als Risikofaktoren für die Ausbildung von psychischen Störungen.[11]

Auch die genetische Veranlagung eines Menschen kann bei gewissen psychischen Störungen von hohem Einfluss sein, jedoch sollten sie nicht als allein verantwortliche Risikofaktoren gesehen werden. So ist in mehreren Zwillingsstudien deutlich geworden, dass eineiige Zwillinge mit wesentlich höherer Übereinstimmung zueinander an Schizophrenie und bipolaren Störungen erkranken als zweieiige Zwillinge. Durch verschiedene Gen-

---

[5] Vgl. Elsner/Pauen (2018), S. 174
[6] Vgl. Chess/Thomas (1984); zitiert nach Elsner/Pauen (2018), S. 174
[7] Vgl. Chess/Thomas (1984); zitiert nach Elsner/Pauen (2018), S. 174
[8] Vgl. Kagan (1998); zitiert nach Benecke (2014), S. 222
[9] Vgl. Thomas/Chess (1977); zitiert nach Benecke (2014), S. 222
[10] Vgl. Zentner (2000), S. 264
[11] Vgl. Berking (2012), S. 22

Analysen konnte zudem gezeigt werden, dass sich eine psychische Störung nicht auf einzelne Gene zurückführen lässt, sondern vielmehr auf eine Reihe von Genen, die zusammen mit externen Faktoren gesundheitsrelevante Körpersysteme stören. Anders als bei einer genetischen Disposition kann es durch eine organische Erkrankung, die vor, während oder nach der Geburt entstehen und unterschiedliche Ursachen haben können, zu psychischen Störungen kommen. Abhängig von der Art und Schwere der Schädigung können die betroffenen Kinder an zerebral bedingten, das Großhirn betreffenden Lähmungen, kognitiven Dysfunktionen oder intellektuellen und sprachlichen Beeinträchtigungen erkranken. Eine häufige Ursache für prä- und perinatale Schädigungen ist beispielsweise der mütterliche Konsum von schädlichen Substanzen während der Schwangerschaft, wie Alkohol oder Nikotin.[12] Einer Metaanalyse von Flak et al. (2014) zufolge steht ein hoher mütterlicher Alkoholkonsum, in diesem Fall vier oder mehr Gläser in einer Situation, in direktem Zusammenhang mit den kognitiven Fähigkeiten des Kindes. Studien mit Kindern zwischen sechs Monaten und 14 Jahren konnten zudem nachweisen, dass die Kinder, deren Mütter während der Schwangerschaft übermäßig viel Alkohol konsumierten, in Kognitionstests schlechter abgeschnitten haben als normale Kinder.[13]

### 1.1.2  Externe Risikofaktoren

Neben den internen Risikofaktoren, die sich auf die eigene Person beziehen, beschreiben externe Faktoren die psychosozialen Stressoren aus der Umwelt eines Menschen. Diese lassen sich in distale und proximale Faktoren unterteilen, wobei die distalen Faktoren auf indirekte Weise und die proximalen Faktoren auf direkte Weise die kindliche Entwicklung beeinflussen. Distale Risikofaktoren können beispielsweise ein niedriger sozioökonomischer Status, ein niedriges Bildungsniveau der Eltern, eine überdurchschnittlich große Familie oder die psychische Befindlichkeit der Eltern sein. Proximale Risikofaktoren sind hingegen von der Eltern-Kind-Interaktion und dem Kommunikations- sowie Erziehungsverhalten der Eltern abhängig.[14]

Verschiedenen epidemiologische Studien zeigen, dass ein niedriger sozioökonomischer Status im Allgemeinen ein hohes Risiko für die Entwicklung psychischer Störungen darstellt. In diesem Zusammenhang lassen sich drei Annahmen aufstellen, nämlich zum

---

[12] Vgl. Berking (2012), S. 21-22
[13] Vgl. Flak/Su/Bertrand/Denny/Kesmodel/Cogswell (2014), S. 222
[14] Vgl. Petermann (2011), S. 124

einen die sogenannte Stress-and-Strain-Hypothese sowie die Social-Drift-Hypothese und zum anderen das Transaktionsmodell. Die Stress-and-Strain-Hypothese besagt, dass ein niedriger sozialer, finanzieller und schulischer Status mit mehreren Belastungen einhergeht und eine psychische Erkrankung zur Folge haben kann. Die Social-Drift-Hypothese hingegen geht davon aus, dass ein niedriger sozioökonomischer Status eine direkte Folge einer psychischen Störung ist. Diese beiden Annahmen werden in dem Transaktionsmodell kombiniert, das den niedrigen Status als Grund für die Entwicklung psychischer Erkrankungen ansieht, welche dann wiederum zu erneutem Statusverlust führen.[15]

In einer Studie von Paykel et al. (2003) wurden im Rahmen des *National Morbidity Survey of Great Britain* die Unterschiede zwischen der Land- und Stadtbevölkerung untersucht, wobei sich herausgestellt hat, dass die Stadtbevölkerung mit höherer Wahrscheinlichkeit von psychischen Erkrankungen betroffen ist. Das Ergebnis haben die Forscher auf die durchschnittlich niedrigere Lebensqualität der Stadtbevölkerung zurückgeführt.[16]

Des Weiteren können sich mögliche psychische Störungen der Eltern auf die psychische Entwicklung des Kindes auswirken, wie unter anderem in einer Studie von Wiegand-Grefe et al. (2009) nachgewiesen werden konnte. Die Wahrscheinlichkeit, dass die Kinder psychisch kranker Eltern an internalisierenden und externalisierenden Störungen erkranken, lag den Ergebnissen zufolge drei- bis siebenfach höher als bei der Normalbevölkerung.[17] In einer anderen Studie von Lieb et al. (2002) wurde außerdem aufgezeigt, dass depressive Eltern das Depressionsrisiko ihrer Kinder signifikant erhöhen.[18] Aber auch negative Bindungserfahrungen, wie beispielsweise übermäßige Kritik von einer Bezugsperson, können dazu führen, dass sich ein negatives Selbstbild verfestigt, das das Depressionsrisiko des Kinder erhöht.[19]

Die psychischen Bedingungen der Eltern allein wirken nicht direkt als Risikofaktor auf die kindliche Entwicklung ein, sondern eher die dadurch gestörte Eltern-Kind-Interaktion.[20] Ein Mangel an emotionaler Wärme und Fürsorge in der elterlichen Erziehung kann in Kombination mit übertriebener, schädlicher Behütung des Kindes in der Adoleszenz zu psychischen Störungen führen.[21] Einen weitaus größeren negativen Einfluss auf die Entwicklung psychischer Störungen haben schwere Vernachlässigung und sexueller und

---

[15] Vgl. Berking (2012), S. 23
[16] Vgl. Paykel/Abbott/Jenkins/Brugha/Meltzer (2003), S. 104
[17] Vgl. Wiegand-Grefe/Geers/Plaß/Petermann/Riedesser (2009); zitiert nach Naab/Kunkel/Fumi/Voderholzer/Chiemsee (2017), S. 28
[18] Vgl. Lieb/Isensee/Höfler/Wittchen (2002), S. 242
[19] Vgl. Berking (2012), S. 23-24
[20] Vgl. Benecke (2014), S. 224
[21] Vgl. Schumacher/Eisemann/Brähler (1999)

emotionaler Missbrauch der Kinder durch Bezugspersonen. Als tiefgreifend traumatische Erlebnisse erhöhen sie drastisch das Risiko für mehrere, auch schwerwiegende psychische Störungen.[22]

## 1.2 Schutzfaktoren gegen psychische Störungen

Auch wenn ein Kind mehreren Risikofaktoren in der Entwicklung ausgesetzt ist, bedeutet dies nicht automatisch, dass es eine mögliche psychische Störung ausbilden muss. Die sogenannten Schutzfaktoren bestehen bereits vor der Entwicklung einer psychischen Erkrankung und sind dafür verantwortlich, die zuvor aufgetretenen Risikofaktoren entweder zu mildern oder sie komplett aufzuheben. Die Ausprägung der Schutzfaktoren richtet sich nach den protektiven Faktoren im Kind, in der Familie und äußerer Einflüsse. Somit sind auf der einen Seite ein ausgeprägter Selbstwert, ein einfaches Temperament sowie eine hohe Intelligenz und auf der anderen Seite positive Beziehungen innerhalb der Familie und dem sozialen Umfeld gute Prädikatoren für eine starke Schutzfaktorenausprägung.[23] Diese Schutzfaktoren werden auch als Resilienz bezeichnet, die das Ergebnis von Entwicklung und Erfahrung sind.[24] Es beschreibt die Fähigkeit eines Menschen, mit negativen Umweltsituationen angemessen umgehen und Bewältigungskompetenzen entwickeln zu können. Dabei ist die Resilienz von der Vulnerabilität abhängig, also der Empfindlichkeit gegenüber äußeren Bedingungen. Sie lässt sich zum einen in primäre Vulnerabilitätsfaktoren, die bereits bei der Geburt bestehen, und zum anderen in sekundäre Vulnerabilitätsfaktoren, die sich erst im Laufe des Lebens entwickeln, unterteilen.[25] Kinder, die während ihrer Entwicklung einer erhöhten Rate an Risikofaktoren ausgesetzt sind, zeigen im Erwachsenenalter positive Prognosen, wenn sie zum Beispiel von Erwachsenen in ihrer Entwicklung unterstützt worden sind, wodurch ihr Vertrauen gefördert werden konnte. Außerdem wirkt sich ein qualitativer Erziehungsstil positiv auf das Selbstwertgefühl des Kindes aus und es werden positive Temperamentseigenschaften manifestiert. Genauso begünstigen weitreichende Möglichkeiten von Lebensübergängen wie ein Universitätsbesuch die Resilienz eines Menschen.[26]

---

[22] Vgl. Maniglio (2010), S. 637
[23] Vgl. Petermann (2011), S. 126
[24] Vgl. Benecke (2014), S. 227
[25] Vgl. Petermann (2011), S. 126
[26] Vgl. Petermann/Kusch/Niebank (1998); zitiert nach Petermann (2011), S. 128

# 2 Teilaufgabe 2: Entstehung und Aufrechterhaltung psychischer Störungen

Im folgenden Kapitel wird, ergänzend zu den vorherigen Ausführungen zur Entstehung und Aufrechterhaltung psychischer Störungen, anhand von theoretischen Modellen und empirischen Ergebnissen, der Einfluss von sozialer Unterstützung und von dysfunktionalen Kognitionen auf die psychische Entwicklung einer Person thematisiert. Dabei soll in Unterkapitel 2.1 die Rolle der sozialen Unterstützung theoretisch näher beleuchtet werden, bevor mithilfe von Beispielen gezeigt wird, inwiefern sie als positiver Schutzfaktor dienen kann. Der Einfluss von dysfunktionalen Kognitionen, die auch als Denkfehler bezeichnet werden können und einen Risikofaktor für die psychische Gesundheit darstellen, wird im darauffolgenden Unterkapitel 2.2 herausgestellt.

## 2.1 Der Einfluss sozialer Unterstützung

Die soziale Unterstützung stellt einen wichtigen Schutzfaktor in Bezug auf die Entwicklung von psychischen Störungen dar und kann beim Ausbleiben unter anderem zu Depressionen führen, was in mehreren empirischen Studien hinreichend nachgewiesen werden konnte.[27] Die größte präventive Wirkung, die eine Person durch die Unterstützung anderer Menschen erfährt, ist der Schutz vor Haupteffekten und Wechselwirkungen mit Stressoren. So können soziale Kontakte beim Eintreten eines Stressors die notwendigen Ansprechpartner darstellen, welche nicht nur Verständnis für die Problemlage zeigen, sondern zudem praktische Coping-Strategien unterbreiten können, sodass sich die betroffene Person nicht von ihrer Umwelt isoliert fühlt. Bleibt die soziale Unterstützung über längere Zeit aus, entwickelt sich daraus ein Risikofaktor für psychische Störungen, da soziale Verlustereignisse als permanente Stressoren eine wichtige Rolle in den meisten psychischen Erkrankungen einnehmen.[28] Diese Schlussfolgerung ist auf das Vulnerabilitäts-Stress-Modell zurückzuführen, welches besagt, dass die Kombination aus der Vulnerabilität einer Person und den externen Stressoren eine psychische Störung zur Folge haben kann (siehe Abbildung 1).[29] Im Rahmen sozialer Faktoren bildet die Abwesenheit

---

[27] Vgl. Gariepy/Honkaniemi/Quesnel-Vallee (2016), S. 289
[28] Vgl. Pinquart (2011), S. 324-325
[29] Vgl. Wittchen/Hoyer (2011), S. 21

10

sozialer Unterstützung die Vulnerabilität. Die zeitgleiche Verknüpfung mit aktuellen Stressoren aktiviert diese Vulnerabilität, wodurch eine Störung auftritt[30].

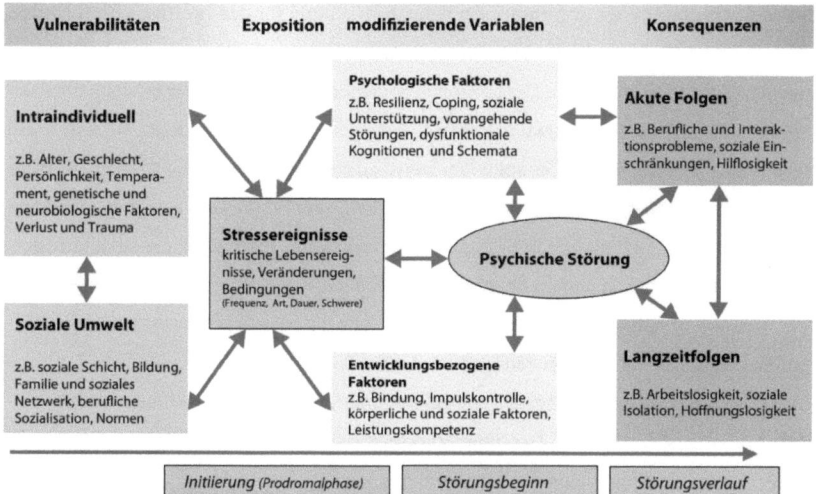

Abbildung 1: Vulnerabilitäts-Stress-Modell psychischer Störungen.
(Quelle: Wittchen/Hoyer (2011), S. 21.)

Oftmals äußert sich eine fehlende soziale Unterstützung auch in Folge von niedrigem Sozialstatus innerhalb einer Gruppe. Diese Personen zeigen eine schlechtere psychische Gesundheitsverfassung als statushöhere Gruppenmitglieder, da sie mit direkter Zurückweisung umgehen müssen und kaum soziale Akzeptanz erfahren.[31]

Welchen Einfluss soziale Unterstützung auf die psychische Verfassung eines Menschen haben kann, zeigt sich besonders anschaulich am Beispiel des Alkoholismus. Übermäßiger Alkoholkonsum geht meist mit einigen negativen sozialen Faktoren einher und erschwert dadurch die Zugänglichkeit sozialer Unterstützung durch die Familie oder Bekannte. In diesen Fällen erweisen sich Selbsthilfegruppen wie beispielsweise die *Anonymen Alkoholiker*, in denen sich die Mitglieder gegenseitige Unterstützung und gegenseitiges Verständnis geben, als besonders hilfreich. Dadurch kann möglichen Depressionen, Angststörungen und dissozialen Persönlichkeitsstörungen, die mit dem Alkoholmissbrauch einhergehen, entgegengewirkt werden.

Eine ähnliche Interventionsmaßnahme stellen therapeutische Wohngemeinschaften dar, in denen ehemals drogenabhängige Menschen die Möglichkeit haben, sich in ein neues

[30] Vgl. Ingram/Price (2010); zitiert nach Pinquart (2011), S. 320
[31] Vgl. Boivin/Hymel/Bukowski (1995), S. 780

soziales Umfeld zu integrieren, in welchem sich die Mitglieder vor dem Hintergrund einer gemeinsamen Vergangenheit unterstützen, sodass ein Rückfall vermieden wird.[32]

Ein weiteres praktisches und empirisch belegtes Exempel für den positiven Einfluss von sozialer Unterstützung auf die Entwicklung von psychischen Störungen ist die Depression. Die Mehrheit der unter Depressionen leidenden Menschen verfügt eher über ein kleines, oft auch defektes soziales Umfeld, welches nicht die geforderte Unterstützung bieten kann[33]. Dieser Mangel an sozialem Beistand erschwert es den Betroffenen, schwierige Lebensereignisse zu verarbeiten.[34] So konnte in einer Studie festgestellt werden, dass Frauen, die nach einem stressigen und schwerwiegenden Erlebnis keine soziale Unterstützung erfahren haben, ein 40-prozentiges Risiko hatten, an einer Depression zu erkranken, während es sich bei den anderen Frauen, welche die benötigte Unterstützung bekommen haben, nur um ein vierprozentiges Risiko handelte.[35]

Auch bei therapeutischen Arbeiten mit Suizidgefährdeten wird im Rahmen einer kognitiven Verhaltenstherapie das Ziel einer stärkeren sozialen Unterstützung angestrebt, um das Gefühl von Hoffnungslosigkeit in den Patienten abzuschwächen.[36] Adaptive Coping-Strategien, die oft auch zur erfolgreichen Bewältigung einer posttraumatischen Belastungsstörung eingesetzt werden, sind ebenfalls signifikant von sehr viel sozialer Unterstützung abhängig.[37]

## 2.2 Die Bedeutung dysfunktionaler Kognitionen

Während die soziale Unterstützung einen starken Schutzfaktor gegen die Entstehung von psychischen Störungen darstellt, bilden die dysfunktionalen Kognitionen einen ebenso wirkungsreichen Risikofaktor. Eine dysfunktionale Kognition beschreibt einen durch Erfahrungen gestützten Denkfehler, der eine logische Problemlösestrategie unmöglich macht. Im Rahmen der klinischen Psychologie tauchen dysfunktionale Kognitionen als starke Risikofaktoren für psychische Störungen auf. Vertreter der kognitiven Psychologie sehen dysfunktionale Kognitionen sogar als die Ursache für psychische Erkrankungen an,

---

[32] Vgl. Hautzinger/Thies (2009), S. 48-49
[33] Vgl. Keltner/Kring (1998), S. 328
[34] Vgl. Kring/Johnson/Hautzinger (2019), S. 186
[35] Vgl. Brown/Andrews (1986); zitiert nach Kring/Johnson/Hautzinger (2019), S. 186
[36] Vgl. Kring/Johnson/Hautzinger (2019), S. 207
[37] Vgl. Brewin/Andrews/Valentine (2000); zitiert nach Kring/Johnson/Hautzinger (2019), S. 268

wobei die Entstehung dieser negativen Kognitionen oftmals unklar ist[38]. Aus diesem Grund wurden von Verhaltenstherapeuten verschiedene Instrumente zur Erfassung dysfunktionaler Kognitionen entwickelt, darunter auch die Skala dysfunktionaler Einstellungen. Sie erfasst Anhand von 40 Aussagen einen Skalenwert, der wiederum Auskunft über mögliche dysfunktionale Kognitionen gibt, die zum Beispiel mit Depressivität im Zusammenhang stehen können.[39] Bei Menschen mit einer narzisstischen Persönlichkeitsstörung, die ein selbstidealisiertes Verhalten zeigen, wäre die Annahme, dass man selbst etwas Besonderes ist, ein Beispiel für dysfunktionales Denken. Somit stellt beispielsweise auch die Grundannahme von paranoiden Personen, dass alle Menschen potenzielle Feinde darstellen, einen Denkfehler dar, der sich in übermäßiger, krankhafter Vorsicht äußert.[40] Auch in dem kognitiven Modell der Depressionsentstehung von Aaron Beck (1970) (siehe Abbildung 2) werden dysfunktionale kognitive Schemata als Ursache für depressive Störungen gesehen. Betroffene neigen dadurch instinktiv zu negativen Gedanken und einer realitätsfernen Wahrnehmung ihrer Umwelt und von sich selbst. Ein solches dysfunktionales Denkschema kann sich während der kindlichen Entwicklung durch negative Erfahrungen ausbilden.[41] So kann beispielsweise ein autoritativer Erziehungsstil der Eltern, welcher durch Kritik und wenig Zuneigung gekennzeichnet ist, Minderwertigkeitskomplexe im Kind auslösen, die sich über die Adoleszenz hinaus verfestigen und durch Stressoren jederzeit als dysfunktionale Kognition aktiviert werden können.[42]

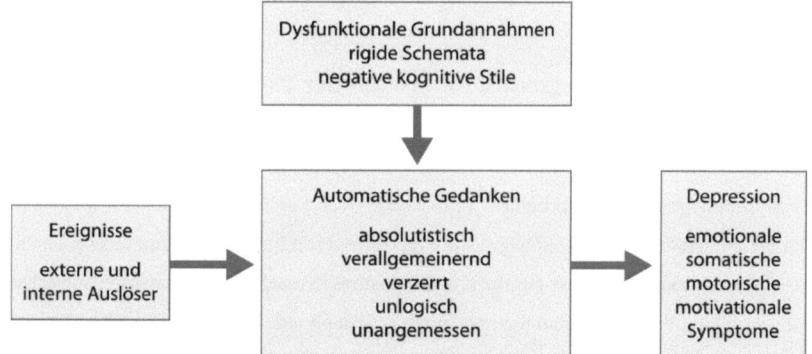

Abbildung 2: Modell der dysfunktionalen Kognitionen und Schemata.
(Quelle: Hautzinger (2000), S. 11.)

---

[38] Vgl. Hautzinger/Thies (2009), S. 10
[39] Vgl. Hautzinger/Thies (2009), S. 22
[40] Vgl. Beck/Freeman (1990); zitiert nach Kring/Johnson/Hautzinger (2019), S. 446
[41] Vgl. Beck (1970); zitiert nach Berking/Radkovsky (2012), S. 37
[42] Vgl. Berking/Radkovsky (2012), S. 37-38

Jedoch lässt sich Becks Modell nicht hinreichend experimentell überprüfen, sodass eine tatsächliche Kausalität offenbleibt, auch wenn dysfunktionale Kognitionen und depressive Störungen weiterhin miteinander assoziiert werden.[43]

Neben Depressionen werden dysfunktionale Kognitionen auch verstärkt mit Essstörungen in Verbindung gebracht. Hierbei lassen sich einer Studie von Legenbauer, Vocks und Schütt-Strömel (2007) zufolge drei Inhaltsbereiche unterscheiden. Die erste, stark ausgeprägte dysfunktionale Kognition richtet sich mit negativen Gedanken und Einstellungen direkt gegen den eignen Körper und Selbstwert. Die anderen beiden Inhaltsbereiche betreffen essensbezogene Denkfehler, die sich zum einen auf drastische Diätregeln beziehen und zum anderen auf ein unkontrolliertes Verlangen nach Nahrung.[44] Weitere typische Beispiele für dysfunktionale Kognitionen im Zusammenhang mit Essstörungen sind selektive Verallgemeinerung, Übertreibung oder unrealistisches Denken. Dabei äußert sich die selektive Verallgemeinerung darin, dass die betroffene Person einen dünnen Körper als anzustrebendes Schönheitsideal ansieht, das sie Besonders machen würde. Bei einer Übetreibung werden Tatsachen maßlos überschätzt, sodass die Betroffenen beispielsweise denken, nach einer geringen Gewichtszunahme nicht mehr in ihre Klamotten zu passen. Ähnlich lässt sich auch unrealistisches Denken definieren, bei dem davon ausgegangen wird, dass sich ein kalorienhaltiges Nahrungsmittel zwangsläufig direkt als Fettablagerung im Körper bemerktbar macht.[45]

# 3 Teilaufgabe 3: Diagnostik im Prozess der Psychotherapie

Der diagnostische Prozess im Rahmen einer psychotherapeutischen Intervention bildet einen grundlegenden Bestandteil der klinischen Psychologie. Im folgenden Kapitel werden die einzelnen Phasen der Diagnostik von der ersten klinischen Begutachtung bis hin zur abschließenden Diagnose am Bespiel der posttraumatischen Belastungsstörung erläutert. Es soll auf die wichtigsten Komponenten innerhalb jeder Phase eingegangen werden, wobei sich hier stets am Beispiel orientiert wird. Anfangs soll jedoch in Unterkapitel 3.1 ein grundlegendes theoretisches Wissen über den Fachbereich der klinischen Diagnostik aufgebaut werden. Der diagnostische Prozess beginnt mit der ersten Kontaktaufnahme und der indikationsorientierten Diagnostik, welche in Unterkapitel 3.2 näher definiert

---

[43] Vgl. Beesdo-Baum/Wittchen (2011), S. 895
[44] Vgl. Legenbauer/Vocks/Schütt-Strömel (2007), S. 214
[45] Vgl. Garner/Bemis (1983); zitiert nach Laessle/Kim (2009), S. 288

werden soll. Unterkapitel 3.3 befasst sich dann mit dem Verlauf einer Therapie und dadurch auch mit der Prozess- sowie Verlaufsdiagnostik. In Unterkapitel 3.4 wird abschließend das Therapieende thematisiert, das sich hauptsächlich mit einer Evaluation der Therapieergebnisse beschäftigt.[46]

## 3.1 Einführung in die Diagnostik

Die psychologische Diagnostik bildet besonders im psychotherapeutischen Bereich eine grundlegende Querschnittsdisziplin der Psychologie, durch die gezielte Informationen von Patienten gesammelt und verarbeitet werden, um eine wissenschaftlich fundierte, empirische Beschreibung ihres individuellen Erlebens und Verhaltens liefern zu können. Der diagnostische Prozess wird dabei durch eine Fragestellung des Auftraggebers an den Diagnostiker eingeleitet und mit einer klinischen Diagnose beendet, die die Fragestellung beantwortet.[47] Die allgemeinen Aufgaben der Diagnostik beginnen mit einer Beschreibung der therapierelevanten Problemaspekte eines Patienten, welche unter anderem durch ein diagnostisches Interview oder einen Fragebogen herausgestellt werden können. Hiernach folgt eine Einordnung der gesammelten Phänomene in Kategorien, die sogenannte Klassifikation. Dadurch lassen sich dann mithilfe einer Indikation erste Hinweise über passende Maßnahmen erschließen. Des Weiteren dient die Diagnostik der Erklärung von Verhaltens- und Erlebensweisen der Patienten. Hierbei liegt der Schwerpunkt besonders auf der Ursache und der Entstehungsgeschichte der Symptomatik. Eine Prognose des Therapieverlaufs gibt anschließend Informationen über die eigentliche Therapierbarkeit des Individuums. Abschließend werden die notwendigen therapeutischen Maßnahmen bewertet.[48]

Eine Störungsdiagnose wird stets mithilfe eines der beiden Klassifikationssysteme ICD-10 oder DSM-5 gestellt, wobei in Deutschland das ICD-10 präferiert wird. Die Klassifikationssysteme geben dem Psychologen eine Beschreibung über die gesuchte psychische Erkrankung. Diese Informationen kann ein erfahrener Kliniker dann mit seinen eigenen beruflichen Erfahrungen über die spezifische Erkrankung kombinieren und erste Maßnahmen induzieren. Hierbei ist jedoch zu beachten, dass es für zwei Patienten mit derselben psychischen Störung zu unterschiedlichen therapeutischen Ansatzpunkten kommen

---

[46] Vgl. Caspar/Pjanic/Westermann (2018), S. 24
[47] Vgl. Petermann (2017), S. 66
[48] Vgl. Lutz (2011), S. 248

kann, weswegen man in der Diagnostik neben der Klassifikation auch noch die lebens-, entwicklungs- und krankheitsgeschichtlichen Aspekte einer psychischen Störung miteinbeziehen, bewerten und entsprechend gewichten muss. Diese Anamnese dient der Therapieplanung sowie -kontrolle und ist auch im Therapieverlauf gegenwärtig und offen für Veränderungen.[49]

Die psychologische Diagnostik sollte stets dem Grundprinzip der Multimodalität gerecht werden. Die multimodale Diagnostik verwendet mehrere Erhebungsmethoden und strebt eine umfassendere Informationssammlung und den Nutzen zusätzlicher Datenquellen an.[50] Es lassen sich mehrere verschiedene Untersuchungsverfahren voneinander unterscheiden, die auf unterschiedlichen Ebenen Daten über den Patienten erfassen. So gibt es neben der Selbstbeurteilung, welche durch Fragebögen oder Selbstbeobachtung von den Patienten selbst erfasst wird, auch die Fremdbeurteilung. Informationen können zudem auch durch Interviews vom Diagnostiker direkt erfragt werden.[51] Die Selbst- und Fremdbeurteilungen liefern außerdem zusätzliche Datenquellen, bei denen nicht nur der Patient selbst, sondern auch Menschen aus dessen sozialem Umfeld die Möglichkeit haben, dem Therapeuten direkte und indirekte Informationen zu geben.[52]

Im Zusammenhang mit den oben angesprochenen Phasen eines diagnostischen Prozesses im Rahmen einer psychotherapeutischen Intervention, soll das gesammelte theoretische Wissen nun am Beispiel der posttraumatischen Belastungsstörung angewendet werden, wobei in den einzelnen Phasen nochmals tiefer auf die Aufgaben eingegangen wird.

## 3.2 Therapiebeginn – Indikationsorientierte Diagnostik

Die indikationsorientierte Diagnostik zielt darauf ab, Informationen über den Patienten zu sammeln, die die Richtung der psychologischen Intervention bestimmen können, sodass die psychische Störung durch spezifische, auf den individuellen Patienten angepasste Maßnahmen behandelt werden kann. Der Therapeut muss in dieser Anfangsphase ein, auf den speziellen Patienten zugeschnittenes Problemverständnis entwickeln, um eine Behandlungsart sowie ein Therapiesetting auswählen zu können.[53]

---

[49] Vgl. Lutz (2011), S. 246-247
[50] Vgl. Rief/Stenzel (2012), S. 15
[51] Vgl. Baumann/Stieglitz (2001); zitiert nach Lutz (2011), S. 250
[52] Vgl. Lutz (2011), S. 250
[53] Vgl. Lutz (2011), S. 251

Im Rahmen eines Erstgesprächs hat der Patient die Möglichkeit, frei und offen über seine Probleme und mutmaßlichen Störungsursachen zu sprechen. Vorzugsweise sollte es sich dabei um ein psychotherapeutisches Interview handeln, welches durch zusätzliche Fragebögen und Tests ergänzt werden kann. Der behandelnde Therapeut hat dadurch den Vorteil, bereits früh eine Beziehung zum Patienten herstellen zu können und dessen Motivation und Vertrauen zu gewinnen.[54] Bei Patienten mit einer posttraumatischen Belastungsstörungen, die durch vergangene Ereignisse mit verstörendem Inhalt hervorgerufen wurden, sind die Erinnerungen an das traumatische Ereignis oftmals derart real, dass sie sich für den Betroffenen gegenwärtig anfühlen und die damalige Bedrohung noch immer aktuell erscheint. Das Ziel einer Therapie von posttraumatischen Belastungsstörungen liegt demnach darin, dem Patienten zu verdeutlichen, dass die traumatische Lebenserfahrung in der Vergangenheit liegt und in der Gegenwart keine aktive Bedrohung mehr darstellt.

Falls der Patient im Rahmen der ersten Kontaktaufnahme noch nicht fähig ist, die genauen Details der Traumatisierung auszusprechen, kann sich der Therapeut auf die gegenwärtigen Probleme konzentrieren, die mit der Belastungsstörungen einhergehen. Außerdem müssen die psychischen Ressourcen des Patienten für die weitere Therapieplanung festgestellt werden, besonders die Fähigkeit zur Emotionsregulation und Belastbarkeit.[55]

Wenn der Patienten die nötigen Kompetenzen vorweisen kann, sodass eine therapeutische Intervention der Belastungsstörung erfolgreich durchzuführen ist, kann der Therapeut mit der Störungsdiagnostik beginnen.[56] Im ICD-10 wird bei Reaktionen auf schwere Belastungen und Anpassungsstörungen zwischen akuten Belastungsreaktionen, posttraumatischen Belastungsstörungen, Anpassungsstörungen, sonstigen Reaktionen auf schwere Belastungen und nicht näher bezeichneten, schweren Belastungsreaktionen unterschieden.[57] Da der Beispielpatient unter einer posttraumatischen Belastungsstörungen leidet, muss der Therapeut im Rahmen der Störungsdiagnostik ebenfalls die Belastungsschwere messen. In diesem Fall kann auf die störungsspezifische *Posttraumatic Diagnostic Scale* zurückgegriffen werden.[58]

In vielen Fällen sollte zusätzlich eine interpersonale Diagnostik und Persönlichkeitsdiagnostik durchgeführt werden, um Personeneigenarten oder Persönlichkeitsstörungen zu identifizieren und mögliche Probleme zwischen dem Patienten und anderen Personen hervorzuheben. Hierbei kann der Therapeut zur Identifizierung einer Persönlichkeitsstörung

---

[54] Vgl. Lutz (2011), S. 252-253
[55] Vgl. Rief/Exner/Martin (2006), S. 160-162
[56] Vgl. Lutz (2011), S. 253
[57] Vgl. Deutsches Institut für Medizinische Dokumentation und Information (2019), S. 272-273
[58] Vgl. Lutz (2011), S. 254-255

auf ein strukturiertes klinisches Interview zurückgreifen und das *Inventar Interpersonaler Probleme* zur Bestimmung interpersonaler Schwierigkeiten nutzen.[59]

Wie weiter oben bereits angesprochen wurde, muss der Diagnostiker mithilfe eines Bedingungsmodells die Problemfaktoren für die Entstehung und Aufrechterhaltung der Symptomatik feststellen und verstehen, sodass die Therapieziele und -methoden konkretisiert werden können. Das problematische Verhalten des Patienten lässt sich daraufhin anhand des sogenannten *SORKC-Modells* nach Burrhus F. Skinner in eine Struktur bringen.[60] In Tabelle 1 ist eine bespielhafte Verhaltensanalyse einer Person mit posttraumatischer Belastungsstörung nach dem SORKC-Schema abgebildet. In diesem Fallbeispiel wurde die Patientin Opfer einer Vergewaltigung.

| S | O | R | Kontingenz → C |
|---|---|---|---|
| Stimulusbedingungen | Organismusvariable | Reaktion | Konsequenz |
| Am Arbeitsplatz: ein Kollege deutet zum wiederholten Mal eine sexuelle Anspielung an und macht zudem körperlich auf sich aufmerksam. | Individuelles Verhalten durch Stimulusbedingung: Temperament wird unterdrückt, wiederholte Erfahrung der ungewollten körperlichen Nähe, soziales Verhaltensdefizit, automatische seelische und körperliche Ausweglosigkeit | Kognitiv: „Ich bin nirgendwo in Sicherheit, daher bemühe ich mich auch nicht darum."<br><br>Emotional: Angst, Traurigkeit, Frust<br><br>Körperlich: Anspannung, Unruhe<br><br>Motorisch: Isolation aus der Umwelt. Erinnerungen an Trauma durch Drogen (Alkohol) kompensieren. | Unangenehme Anspannung (negative Verstärkung, kurzfristige Konsequenz)<br><br>Vermeidung sozialer Interaktionen (negative Verstärkung, kurzfristige Konsequenz)<br><br>Introversion (Schutzmechanismus, langfristige Konsequenz)<br><br>Schweigen und Bedürfnisvernachlässigung (negative Verstärkung, langfristige Konsequenz) |

Tabelle 1: Verhaltensanalyse nach dem SORKC-Schema.
(Quelle: Eigene Darstellung in Anlehnung an Lutz (2011), S. 258.)

In manchen Fällen einer posttraumatischen Belastungsstörung, bei denen eine aktuelle Gefährdung tatsächlich besteht, wie es bei Katastrophensituationen zu sehen ist, muss die betroffene Person aus diesem schädlichen Umfeld isoliert werden. Hierbei sollte der therapierende Diagnostiker jedoch fallspezifische Unterschiede erkennen. Eine Patientin, die andauerndem sexuellen Missbrauch ausgesetzt ist, sollte erst aus der Situation herausgenommen werden, wenn die nötigen Voraussetzungen geschaffen wurden und die Unterstützung des psychosozialen Systems gewährleistet ist. Der Therapeut muss seinen Patienten verdeutlichen, dass sie sich innerhalb der psychotherapeutischen Situation in Sicherheit befinden. Die Eingangsdiagnostik ist besonders für den Aufbau einer

---

[59] Vgl. Lutz (2011), S. 255-256
[60] Vgl. Lutz (2011), S. 256-257

Vertrauensbasis eine essenzielle Phase im diagnostischen Prozess.[61] Am Ende der indikationsorientierten Diagnostik muss der Therapeut die nötigen Informationen strukturiert und aufbereitet haben, sodass ein Behandlungsleitfaden für die posttraumatische Belastungsstörung vorliegt, an welchem er sich im Therapieverlauf im Rahmen der Prozess- und Verlaufsdiagnostik orientieren kann.

## 3.3 Therapieverlauf – Prozess- und Verlaufsdiagnostik

Bei posttraumatischen Belastungsstörungen bietet sich eine Expositionsbehandlung an, die den Patienten vorerst nur auf einer geistigen Ebene wiederholt den traumatischen Situationen, Gegenständen oder Bedingungen aussetzt. Die betroffene Person muss zudem lernen, dass Abläufe kontrollierbar sein können, auch wenn es während des Traumas nicht der Fall gewesen ist. In diesem Zusammenhang bedarf es unbedingt der Auswertung des SORKC-Modells, damit der Therapeut die Verhaltensweisen, Kognitionen und Stimulusbedingungen des individuellen Patienten kennt. Im Rahmen der Exposition wird ein ständiger Wechsel zwischen der Realität und der traumatischen Erinnerung geübt, sodass im Endeffekt die Einsicht entsteht, dass die Erinnerung keinen Bezug zur gegenwärtigen Realität hat. Dem Patienten soll ein Gefühl von Kontrollierbarkeit vermittelt werden. Zudem soll er die Fähigkeit erlernen, das Trauma auszuhalten. Nach erfolgreicher Entwicklung der Exposition kann eine Erweiterung in Erwägung gezogen werden. So können Therapeut und Patient beispielsweise den Ort der Traumatisierung aufsuchen, da auf diese Weise eine noch stärkere Wahrnehmung der Vergangenheit des Traumas erreicht werden kann. Generell kann dieses Ergebnis durch eine Konfrontation mit einer Stimulusbedingungen erreicht werden, dabei kann es sich auch um Gegenstände oder sogar die Täter selbst handeln.[62]

Bei Personen mit einer posttraumatischen Belastungsstörung kann sich der Therapeut in der Behandlung unter anderem auf die Förderung des emotionalen Ausdrucks konzentrieren. Pennebaker (1995) zufolge sollen die Patienten ihre traumatischen Emotionen in Worte fassen und sie beispielsweise aufzuschreiben. Hierbei ist es besonders wichtig, dass die Betroffenen diese Emotionen mit anderen Menschen in Verbindung setzen.[63]

---

[61] Vgl. Rief/Exner/Martin (2006), S. 162-163
[62] Vgl. Rief/Exner/Martin (2006), S. 163-165
[63] Vgl. Pennebaker (1995); zitiert nach Rief/Exner/Martin (2006), S. 167

Der Verlauf der Therapie wird durch eine andauernde Informationserhebung begleitet, die sich im Rahmen der therapiebegleitenden Diagnostik in Verlaufs- und Prozessevaluation unterteilt. Dabei werden mit der Verlaufsevaluation alle Veränderungen in den vorher definierten Zielbereichen der Behandlung festgehalten, während die Prozessevaluation die verschiedenen Bestandteile des therapeutischen Prozesses erfasst. Hier kann es sich beispielsweise um plötzlich auftretende Störfaktoren oder um die Therapeuten-Patienten-Beziehung handeln. Die Erhebung kann mithilfe psychotherapeutischer Instrumente durchgeführt werden, wie zum Beispiel durch Selbstbeurteilungsverfahren, Therapietagebücher, Verhaltensbeobachtungen oder Einschätzungen der Zielerreichungsskalierung.[64]

## 3.4 Therapieende – Evaluationsdiagnostik

Mit dem Ende der Therapie wird eine abschließende Evaluationsdiagnostik durchgeführt, um den Therapieerfolg zu definieren. Dieser setzt sich aus dem Grad des Beschwerderückgangs und den im Vorfeld festgelegten Therapiezielen zusammen. Um die Wirksamkeit einer Behandlung zu messen, kann ein Therapeut auf direkte und indirekte Veränderungsmessungen zurückgreifen. Die direkte Veränderungsmessung beruht auf den Beurteilungen des Patienten und des Therapeuten, die nur zu einem Zeitpunkt erfragt werden. Im Rahmen der indirekten Veränderungsmessung wird hingegen ein störungsspezifisches Instrument wiederholt zur Bewertung der Veränderung eingesetzt und durch den entstandenen Differenzwert der einzelnen Bewertungen ausgewertet. Die Ergebnisse der Veränderungsmessung müssen dann anhand verschiedener Kriterien bewertet und auf klinische Relevanz hin überprüft werden.[65]

Darüber hinaus sollte der behandelnde Therapeut durch den Einsatz von strukturierten klinischen Interviews, Fragebögen oder Checklisten nochmals nachprüfen, ob beim Patienten weiterhin psychische Störungskriterien erfüllt werden. Außerdem ist eine Einschätzung des Funktionsniveaus im Rahmen des *Global Assessment of Functioning* zu empfehlen, wo die psychischen, sozialen und beruflichen Funktionen nochmals neu erfasst und bewertet werden.[66]

---

[64] Vgl. Lutz (2011), S. 264
[65] Vgl. Lutz (2011), S. 266-267
[66] Vgl. Lutz (2011), S. 267

Kann die Therapie nach den erforderlichen Messungen und Einschätzungen als erfolgreich interpretiert werden, sollten idealerweise zusätzlich mehrere Nacherhebungen durchgeführt werden. Zwar sind die Nacherhebungen mit sehr hohem Aufwand durch den Therapeuten verbunden, jedoch ermöglichen sie eine frühzeitige Identifizierung wiederkehrender Symptomatik.[67]

---

[67] Vgl. Lutz (2011), S. 267-268

# Literaturverzeichnis

**Baumann, U. / Stieglitz, R. D.** (2001), Psychodiagnostik psychischer Störungen: Allgemeine Grundlagen. In: Stieglitz, R. D. / Baumann, U. / Freyberger, H. J. (Hrsg.), Psychodiagnostik in Klinischer Psychologie, Psychiatrie, Psychotherapie, 2. Aufl., Stuttgart, S. 3-20.

**Beck, A. T.** (1970), The core problem in depression: The cognitive triad. In: Masserman, J. H. (Hrsg.), Depressions: theories and therapies, 1. Aufl., New York, S. 47-55.

**Beck, A. T. / Freeman, A. M.** (1990), Cognitive therapy of personality disorders, 1. Aufl., New York.

**Beesdo-Baum, K. / Wittchen, H.-U.** (2011), Depressive Störungen: Major Depression und Dysthymie. In: Wittchen, H.-U. / Hoyer, J. (Hrsg.), Klinische Psychologie & Psychotherapie, 2. Aufl., Heidelberg, S. 879-914.

**Benecke, C.** (2014), Klinische Psychologie und Psychotherapie, 1. Aufl., Stuttgart.

**Berking, M.** (2012), Ursachen psychischer Störungen. In: Berking, M. / Rief, W. (Hrsg.), Klinische Psychologie und Psychotherapie für Bachelor, 1. Aufl., Heidelberg, S. 19-28.

**Berking, M. / Radkovsky, A.** (2012), Affektive Störungen und Suizidalität. In: Berking, M. / Rief, W. (Hrsg.), Klinische Psychologie und Psychotherapie für Bachelor, 1. Aufl., Heidelberg, S. 29-68.

**Boivin, M. / Hymel, S. / Bukowski, W. M.** (1995), The roles of social withdrawal, peer rejection, and victimization by peers in predicting loneliness and depressed mood in childhood. Development and Psychopathology, 7. Jg., Nr. 4, S. 765-785.

**Brewin, C. R. / Andrews, B. / Valentine, J. D.** (2000), Metaanalysis of risk factors for posttraumatic stress disorder in trauma-exposed adults. Journal of Consulting and Clinical Psychology, 68. Jg., Nr. 5, S. 748-766.

**Brown, G. W. / Andrews, B.** (1986), Social support and depression. In: Trumbull, R. / Appley, M. H. (Hrsg.), Dynamics of stress: Physiological, psychological, and social perspectives, 1. Aufl., New York, S. 257-282.

**Caspar, F. / Pjanic, I. / Westermann, S.** (2018), Klinische Psychologie, 1. Aufl., Wiesbaden.

**Chess, S. / Thomas, A.** (1984), Origins and evolution of behavior disorders, 1. Aufl., New York.

**Elsner, B. / Pauen, S.** (2018), Vorgeburtliche Entwicklung und früheste Kindheit. In: Schneider, W. / Lindenberger, U. (Hrsg.), Entwicklungspsychologie, 8. Aufl., Weinheim, S. 163-190.

**Flak, A. L. / Su, S. / Bertrand, J. / Denny, C. H. / Kesmodel, U. S. / Cogswell, M. E.** (2014), The association of mild, moderate, and binge prenatal alcohol exposure and child neuropsychological outcomes: A meta-analysis. Alcoholism: Clinical and Experimental Research, 38. Jg., Nr. 1, S. 214-226.

**Gariepy, G. / Honkaniemi, H. / Quesnel-Vallee, A.** (2016), Social support and protection from depression: systematic review of current findings in Western countries. The British Journal of Psychiatry, 209. Jg., Nr. 4, S. 284-293.

**Garner, D. M. / Bemis, K.** (1983), Cognitive therapy for anorexia nervosa. In: Garner, D. M. / Garfinkel, R. E. (Hrsg.), Handbook of psychotherapy for anorexia nervosa and bulimia nervosa, 1. Aufl., New York, S. 513-572.

**Hautzinger, M.** (2000), Kognitive Verhaltenstherapie bei Depressionen. Behandlungsanleitungen und Materialien, 5. Aufl., Weinheim.

**Hautzinger, M. / Thies, E.** (2009), Klinische Psychologie: Anwendungsbereich Psychische Störungen, 1. Aufl., Weinheim.

**Ingram, R. E. / Price, J. M.** (2010), Vulnerability to psychopathology: Risk across the lifespan, 2. Aufl., New York.

**Kagan, J.** (1998), Biology and the child. In: Damon, W. S. / Eisenberg, N. V. (Hrsg.), Handbook of child psychology, 5. Aufl., New York, S. 77-235.

**Keltner, D. / Kring, A. M.** (1998), Emotion, social function, and psychopathology. Review of General Psychology, 2. Jg., Nr. 3, S. 320-342.

**Kring, A. M. / Johnson, S. L. / Hautzinger, M.** (2019), Klinische Psychologie, 9. Aufl., Weinheim.

**Laessle, R. / Kim, J.** (2009), Anorexia Nervosa und Bulimia Nervosa. In: Margraf, J. / Schneider, S. (Hrsg.), Lehrbuch der Verhaltenstherapie, 2. Aufl., Weinheim, S. 281-300.

**Laucht, M. / Schmidt, M. H. / Esser, G.** (2000), Risiko- und Schutzfaktoren in der Entwicklung von Kindern und Jugendlichen. Review of General Psychology, 19. Jg., Nr. 1, S. 97-108.

**Legenbauer, T. / Vocks, S. / Schütt-Strömel, S.** (2007), Dysfunktionale Kognitionen bei Essstörungen: Welche Inhaltsbereiche lassen sich unterscheiden?. Zeitschrift für Klinische Psychologie und Psychotherapie, 36. Jg., Nr. 3, S. 207-215.

**Lieb, R. / Isensee, B. / Höfler, M. / Wittchen, H.-U.** (2002), Parental depression and depression in offspring: evidence for familial characteristics and subtypes?. Journal of Psychiatric Research, 36. Jg., Nr. 4, S. 237-246.

**Lutz, W.** (2011), Klinische Diagnostik: Anamnese, Exploration, psychometrische Ansätze. In: Petermann, F. / Maercker, A. / Lutz, W. / Strangier, U. (Hrsg.), Klinische Psychologie – Grundlagen, 1. Aufl., Göttingen, S. 245-268.

**Maniglio, R.** (2010), Child sexual abuse in the etiology of depression: A systematic review of reviews. Depression and Anxiety, 27. Jg., Nr. 7, S. 631-642.

**Naab, S. / Kunkel, J. / Fumi, M. / Voderholzer, U. / Chiemsee, P. a.** (2017), Psychosoziale Risikofaktoren für psychische Störungen im Jugendalter. Der Neurologe und Psychiater, 18. Jg., Nr. 5, S. 26-30.

**Paykel, E. / Abbott, R. / Jenkins, R. / Brugha, T. / Meltzer, H.** (2003), Urban–rural mental health differences in Great Britain: findings from the National Morbidity Survey. International Review of Psychiatry, 15. Jg., Nr. 1-2, S. 97-107.

**Pennebaker, J. W.** (1995), Emotion, disclosure, and health, 1. Aufl., Washington.

**Petermann, F.** (2011), Entwicklungspsychologische Grundlagen. In: Petermann, F. / Maercker, A. / Lutz, W. / Strangier, U. (Hrsg.), Klinische Psychologie – Grundlagen, 1. Aufl., Göttingen, S. 117-138.

**Petermann, F.** (2017), Psychologische Diagnostik. In: Wirtz, M. A. (Hrsg.), Lexikon der Psychologie, 18. Aufl., Bern, S. 66-69.

**Petermann, F. / Kusch, M / Niebank, K.** (1998), Entwicklungspsychopathologie. Ein Lehrbuch, 1. Aufl., Weinheim.

**Pinquart, M.** (2011), Soziale Bedingungen psychischer Störungen. In: Wittchen, H.-U. / Hoyer, J. (Hrsg.), Klinische Psychologie & Psychotherapie, 2. Aufl., Heidelberg, S. 319-336.

**Rief, W. / Stenzel, N.** (2012), Diagnostik und Klassifikation. In: Berking, M. / Rief, W. (Hrsg.), Klinische Psychologie und Psychotherapie für Bachelor, 1. Aufl., Heidelberg, S. 9-18.

**Rief, W. / Exner, C. / Martin, A.** (2006), Psychotherapie. Ein Lehrbuch, 1. Aufl., Stuttgart.

**Thomas, A. / Chess, S.** (1977), Temperament and development, 1. Aufl., New Haven.

**Wiegand-Grefe, S. / Geers, P. / Plaß, A. / Petermann, F. / Riedesser, P.** (2009), Kinder psychisch kranker Eltern. Zusammenhänge zwischen subjektiver elterlicher Beeinträchtigung und psychischer Auffälligkeit der Kinder aus Elternsicht. Kindheit und Entwicklung, 18. Jg., Nr. 2, S. 111-121.

**Wittchen, H.-U. / Hoyer, J.** (2011), Was ist Klinische Psychologie? Definitionen, Konzepte und Modelle. In: Wittchen, H.-U. / Hoyer, J. (Hrsg.), Klinische Psychologie & Psychotherapie, 2. Aufl., Heidelberg, S. 3-26.

**Zentner, M. R.** (2000), Was ist das Temperament als Risikofaktor in der frühkindlichen Entwicklung. In: Petermann, F. / Niebank, K. / Scheithauer, H. (Hrsg.), Risiken in der frühkindlichen Entwicklung. Entwicklungspsychopathologie der ersten Lebensjahre, 1. Aufl., Göttingen, S. 257-281.

# Internetquellen

**Deutsches Institut für Medizinische Dokumentation und Information** (Hrsg.) (2018), ICD-10-WHO Version 2019, Systematisches Verzeichnis, Internationale statistische Klassifikation der Krankheiten und verwandter Gesundheitsprobleme, 10. Revision, https://www.dimdi.de/static/de/klassifikationen/icd/icd-10-who/kode-suche/html-amtl2019/block-f20-f29.htm, abgerufen am 03.07.2020.

**Schumacher, J. / Eisemann, M. / Brähler, E.** (1999), Rückblick auf die Eltern: Der Fragebogen zum erinnerten elterlichen Erziehungsverhalten. Diagnostica, 45. Jg., Nr. 4, S. 194-204, https://econtent.hogrefe.com/doi/full/10.1026//0012-1924.45.4.194#citart1, abgerufen am 25.06.2020.